1903 – Avril 23

VENTE

HOTEL DROUOT, SALLE N° 1

Les Jeudi 23 et Vendredi 24 Avril 1903

A 2 HEURES 1/4

BEAUX

MEUBLES d'ART

Marbres, bronzes, terres cuites

Epoques et styles XVᵉ, XVIIᵉ et XVIIIᵉ siècles

TABLEAUX MODERNES

Bijoux — Argenterie — Objets de vitrine

TAPISSERIES, TENTURES

Mᵉ E. BRAOUEZEC	**M. Arthur BLOCHE**
COMMISSAIRE-PRISEUR	EXPERT PRÈS LA COUR D'APPEL
41, Rue de la Victoire, 41	*28, rue de Châteaudun, 28*

EXPOSITION PUBLIQUE

Le Mercredi 22 Avril 1903, de 2 h. à 6 heures

PARIS. — Imp. MÉNARD et CHAUFOUR

C. CHAUFOUR, Successeur

8-10, rue Milton

CATALOGUE

DE

BEAUX MEUBLES D'ART

en bois de luxe
ornés de bronzes et en bois sculpté

Epoques & styles XVIe, XVIIe & XVIIIe siècles

OBJETS D'ART

Marbres, Bronzes, Terres cuites, Faïences, Porcelaines

TABLEAUX, AQUARELLES, GRAVURES

Œuvre de MAURICE LELOIR, MONTICELLI ET ROYBET

BIJOUX — ARGENTERIE — OBJETS DE VITRINE

Tapisseries — Belles tentures — Tapis

DONT LA VENTE AURA LIEU

HOTEL DROUOT, SALLE N° 1

Les Jeudi 23 et Vendredi 24 Avril 1903

A 2 HEURES 1/4

Me E. BRAOUEZEC	**M. Arthur BLOCHE**
COMMISSAIRE-PRISEUR	EXPERT PRÈS LA COUR D'APPEL
41, Rue de la Victoire, 41	*28, rue de Châteaudun, 28*

Chez lesquels se trouve le présent catalogue

EXPOSITION PUBLIQUE

Le Mercredi 22 Avril 1903, de 2 heures à 6 heures.

CONDITIONS DE LA VENTE

Elle sera faite expressément au comptant.

Les acquéreurs paieront dix pour cent en sus des enchères.

L'exposition permettant au public de se rendre compte de la nature et de l'état des objets, il ne sera admis aucune réclamation une fois l'adjudication prononcée.

Paris. — Imp. G. Chaufour, 8-10, rue Milton.

DÉSIGNATION

MEUBLES

1 — Petit canapé et deux fauteuils, style
Louis XVI, en bois sculpté peint en blanc,
couvert en lampas vert broché à médaillons et
guirlandes en grisaille.

2 — Banquette Directoire en bois sculpté,
peint en vert et blanc, couverte en soierie
ancienne rayée et brochée.

3 — Fauteuil du temps de Louis XV en bois
sculpté et doré à coquille fleuronnée, couvert
en tapisserie au petit point à médaillons de
fleurs.

4 — Petite desserte en marqueterie de bois à fleurs, travail hollandais.

5 — Grand et beau lit en bois sculpté à rocailles fleuronnées, peint en blanc, fond et devant divisé par caissons, fond canné et couvert en soierie. Style Louis XV.

6 — Très belle commode de style Louis XV, s'ouvrant à deux tiroirs, en bois de luxe, orné sur le devant d'une marqueterie de bois à fleurs richement orné de bronzes ciselés et dorés, encadrement chutes poignées et sabots, à rocailles fleuronnées, dessus en marbre brèche rosé.

7 — Meuble de salon de style Louis XVI, composé d'un canapé, deux fauteuils et deux chaises en bois sculpté et doré, couvert en velours rouge dessin ton sur ton.

8 — Bergère de style Louis XVI en bois sculpté et doré, à rais de cœur, rubans enroulés et chutes de fleurs, recouverte de soierie fond crème brochée à corbeilles fleuries.

9 — Petit guéridon carré à contours, en acajou orné de bronzes dorés, dessus en marbre. Style Louis XV.

10 — Beau lit de style Louis XVI en acajou garni de cuivre, avec sa literie.

11 — Table à coiffer de style Louis XVI en bois de luxe, s'ouvrant à trois compartiments décorés d'une marqueterie de bois à fleurs, inté, rieur orné d'une glace et garni de soierie- avec petits tiroirs et tablette rentrante pour écrire.

12 — Petit bureau de dame Louis XVI en bois de luxe et filets d'amaranthe, décoré d'une marqueterie de bois à trophées d'instruments de musique et scientifiques, avec sur le devant une tablette se déployant pour former bureau, le haut à réserves et petits tiroirs, s'ouvre à deux portes à coulisses, dessus en marbre rose veiné.

13 — Guéridon rond à étagère en acajou et bronzes dorés, dessus en marbre. Style Louis XV.

14 — Étagère de forme carrée en poirier noirci
et sculptée, ornée de plaques en faïence décorée et d'incrustations de lapis lazuli, travail
de SAUVREZY.

15 — Très jolie vitrine en marqueterie de bois
garnie de bronzes finement ciselés et dorés.
Style Louis XV.

16 — Jolie table de milieu forme à contours, en
bois de luxe orné de bronzes finement ciselés
et dorés. Style Régence.

17 — Cabinet en bois richement sculpté, dans le
goût de la Renaissance, à figures et ornements.

18 — Ameublement de salle à manger en noyer,
composé d'un buffet, le haut formant dressoir
à fond de glace, avec glacière dans le bas,
une desserte, une table à trois rallonges
s'ouvrant à manivelle, et de douze chaises.
Style anglais.

19 — Coffre de la Renaissance en bois sculpté
rehaussé d'or offrant sur le devant des mé-

daillons à personnnages et mascarons au milieu d'ornements feuillagés.

20 — Fauteuil en noyer sculpté à rehauts d'or, couvert en tapisserie à personnages. Style Louis XV.

21 — Etagère d'applique en noyer sculpté.

22 — Fauteuil anglais en acajou couvert en étoffe rose.

23 — Fauteuil en noyer sculpté, couvert en drap vert. Style Louis XIII.

24 — Ecran en bambou avec feuille en satin de Chine brodé.

25 — Petite table couverte en ancienne soierie brochée à fleurs.

26 — Deux fauteuils en bois noir, couverts en tapisserie. Style Louis XIII.

27 — Deux châssis de vitraux de couleur.

28 — Ameublement de salon en noyer sculpté couvert en velours bleu. Style Louis XV.

29 — Bahut en marqueterie de bois à fleurs, dessus en marbre.

30 — Console en bois sculpté dessin à rocailles et têtes de chérubins. Epoque Louis XV.

31 — Beau meuble à deux corps en bois sculpté ouvrant à quatre portes ornées de bustes de guerriers, montants à colonnes torses, fronton forme niches à balustrade. xviiie siècle.

32 — Table à jeu en acajou et filets de cuivre. Louis XVI.

33 — Console en bois sculpté peint blanc, rehaussé d'or. Style Louis XV.

34 — Petite banquette en noyer couverte en soierie ancienne.

35 — Table bouillotte en acajou et filets de cuivre.

36-38 — Cinq cadres en bois sculpté des époques Louis XIII et Louis XIV.

39 — Deux fauteuils Louis XV en bois sculpté ecouverts en soierie brochée.

40 — Chambre à coucher en bois recourbé, ornée d'application de cuir frappé, travail de l'art nouveau Viennois de la maison Jacob.

41 — Salle à manger en noyer sculpté de style Renaissance.

42 — Grande glace japonaise.

43 — Meuble de salon en bois laqué et filets dorés, recouvert en tapisserie à la main.

44 — Canapé et deux fauteuils anglais recouverts cuir bleu.

45 — Deux fauteuils Louis XIII en bois sculpté.

46 — Vitrine de style Louis XVI en bois sculpté et doré.

47 — Vitrine chinoise ornée d'appliques en ivoire.

48 — Console Empire en bois sculpté.

49 — Grande glace cadre doré.

50 — Glace trumeau. Style Ier Empire.

51 — Petit bahut en bois sculpté, style gothique.

52 — Stalle en bois sculpté, style gothique.

53 — Petit bureau Louis XVI en bois de rose et marqueterie.

54 — Deux fauteuils Louis XVI en bois sculpté.

55 — Deux bergères Louis XVI en bois sculpté et doré recouvertes de soierie brochée.

56 — Deux chaises, style Ier Empire.

57 — Petite table Louis XVI en marqueterie de bois.

58 — Bahut de style Louis XV.

59 — Quatre chaises médaillons en bois doré recouvertes de velours de Gênes.

60 — Deux petites chaises en bois doré foncées de cannes.

61 — Meuble de salon en bois laqué recouvert de soierie, style Louis XVI.

62 — Table de salon en bois doré de style Louis XVI.

63 — Deux consoles avec glace bois laqué vert et or, style Louis XVI.

64 — Meuble d'entre-deux en palissandre.

65 — Bureau en bois noir.

66 — Deux consoles en noyer et filets or.

67 — Bahut Renaissance.

68 — Petit meuble de style Louis XVI.

69 — Horloge en bois de rose.

70 — Glace Louis XVI ornée d'une peinture dans le haut.

OBJETS D'ART

71 — Deux colonnes en marbre vert de mer, chapiteaux corinthiens en bronze ciselé et doré base ornée d'un tore de laurier.

72 — Deux grands vases rouleaux en porcelaine de Chine, décorés de Chinoises en émaux de couleur sur fond blanc.

73 — Statuette en terre cuite : Amour assis, xviiie siècle.

74 — Fontaine et son bassin en ancienne faïence de Rouen, décor polychome à fleurs et rinceaux.

75-76 — Deux bustes en bronze : Louis XVI et la Reine, socles en marbre.

77 — Paire de lampes forme vases, en onyx, montures en bronze ciselé et doré.

78 — Paire de vases en porcelaine de Chine à personnages.

79 — Deux chenêts en bronze partie dorée, lions posés sur des balustrades ornées de draperies.

80 — Cartel de style Louis XV en bronze ciselé et doré, modèle à rocailles fleuronnées et treillagés.

81 — Paire de candélabres Empire à trois lumières en bronze ciselé, partie décorée formée par des statuettes de nymphes soufflant dans des cors de chasse, socles en bronze à ornements dorés.

82 — Groupe en bronze : l'*Enfant à la coquille*, signé : H. Moreau.

83 — Vase argenté dit aux Cigognes, reproduction du Trésor de Boscoréale, près Pompéï.

84 — Potiche en porcelaine de Chine bleue rehaussée d'or.

85 — Paire de grandes potiches en porcelaine de Chine fond bleue, décor à rosaces, fleurs et fruits, et médaillons à personnages et paysages en émaux de couleurs.

86 — Beau groupe en bronze à patine foncée en-
lèvement d'Orithyée par Borée, sur socle en
bronze ciselé et doré à grandes rocailles. Style
Louis XV.

87 — Paire d'appliques à deux lumières en
bronze doré de style Louis XVI.

88 — Deux bouts de table à trois lumières en
bronze doré.

89 — Paire de chenets Louis XV, à petits amours
en bronze doré.

90 — Deux grands **vases** en faïence italienne,
décor médaillons à **personnages** et ornements
sur fond bleu.

91 — Buste en marbre : sir Rowlandson, d'après
Caffiéri.

92 — Paire de candélabres en bronze patiné foncé
à statuettes d'enfants assis tenant des bran-
ches de lumières en bronze doré. Style
Louis XVI.

93 — Statuette en plâtre teinté terre cuite :
Bacchante debout. xviiie siècle.

94 — Deux appliques formant lustres en bronze patiné fer forgé, disposées pour le gaz. Style Renaissance.

95 — Deux appliques formant petits lustres en bronze doré.

96 — Plaque creux ovale en fonte patine bronze, à personnages.

97 — Deux lustres en cuivre, style flamand, disposés pour l électricité.

98 — Paire d'appliques en bronze doré. Style Louis XV.

99 — Jardinière en cuivre repoussé. Style Renaissance.

100 — Candélabre à cinq lumières en fer forgé.

101 — Deux landiers, traverse, pelle et pincettes en fer forgé.

102 — Buste en terre cuite grand feu, grandeur nature : la *Reine Fiamette*. Signé FERRAND.

103 — Buste en marbre : la *Moqueuse*, par Ferrand.

104 — Statuette en bronze : *Jeanne d'Arc*, par
Ferrand.

105 — Petit groupe en bronze d'une femme et de
deux enfants. xviiiᵉ siècle.

106 — Statuette en bronze de Mathurin Moreau :
le Myosotis.

107 — Groupe en bronze : *Bacchante enchaînée*,
d'après Clodion.

108 — Paire de chenêts Louis XIV à figures de
sphinx.

109 — Deux statuettes en bronze : *Enfants dan-
seurs*, socles en marbre.

110 — Paire de bras d'applique Directoire, en
bronze ciselé et doré.

111 — Groupe équestre en bronze, représentant
Marc-Aurèle.

112 — Pendule Empire en bronze ciselé,

113 — Paire d'appliques lumières en bronze ciselé
et doré, formées par des cariatides de femmes
tenant deux lumières.

114 — Paire d'appliques de style Louis XIV en
bronze ciselé et doré à deux lumières, modèle
à mascarons. (Préparées pour l'électricité.)

115 — Petit encrier de style Louis XV en bronze
ciselé et doré.

116 — Lustre à douze lumières en bronze ciselé
et doré, orné au centre d'une statuette de
femme en bronze à patine brune : *la Libellule*.
(Préparé pour l'électricité.)

117 — Paire d'appliques de même travail, à
quatre lumières, ornées d'une figurine d'amour:
l'Aubade et l'Aurore. (Préparées pour l'électricité.)

118 — Plafonnier à cinq lumières électriques en
bronze ciselé et doré, formé par un bouquet
de roses retenues par un aigle aux aîles dé-
ployées.

119 — Paire de girandoles à neuf lumières en
bronze ciselé et doré, modèle à rinceaux fleu-
ronnés, tiges enguirlandées et à culot feuil-
lagé.

120 — Paire d'appliques à quatre lumières en
bronze ciselé et doré de style Louis XV, modèle à rocailles fleuronnées. (Préparées pour
l'électricité.)

121 — Deux porte-bouquets d'applique en ancienne
faïence de Rouen.

122 — Deux petites commodes en faïence de
Nevers.

123 — Vase en faïence hispano-mauresque, décor
à reflets métalliques.

124 — Cuvette de bidet en vieux Rouen.

125 — Statuette en bois sculpté représentant un
moine.

126 — Lampe d'autel en cuivre argenté Louis XIV.

127 — Grande pendule en marbre vert de mer et
noir.

128 — Buste en terre cuite : *le Printemps*.

129 — Buste en terre cuite : *Paysan et paysannes*.

130 — Buste en terre cuite : *l'Automne*.

131 — Buste en terre cuite : *le Pavot*.

132 — Buste en terre cuite : *la Pensée*.

133 — Groupe en terre cuite : *Paysanne et enfant*.

134 — Statuette en terre cuite : *l'Automne*.

135 — Garniture de cheminée en bronze doré, composée d'une pendule et de deux candélabres.

136 — Buste en marbre : *Méditation*.

137 — Buste en marbre : *Innocence*.

138 — Buste en marbre : *Diane*.

139 — Buste en marbre : *Apollon*.

140 — Buste en marbre : *Marie Antoinette*.

141 — Statuette d'enfants en marbre signée Kondroup.

142 — Deux statuettes en composition. ,

143 — Pendule Louis XVI marbre et bronze

144 — Suspension nikelée.

145 — Suspension cuivre.

146 — Coupe cloisonnée.

147 — Paire d'appliques de style Louis XVI, en bronze ciselé et doré.

148 — Deux statuettes en bronze : *Mercure et Renommée*, socle en marbre.

149 — Groupe en terre cuite : le retour du bois, signé Reynaud.

150 — Brûle-parfums en bronze du Japon.

151 — Statuette de femme en terre cuite, signée Grégoire.

152 — Groupe en terre cuite : *Femme et enfant*, signé Joncry.

153 — Deux groupes en biscuit.

154 — Jardinière en terre cuite.

155 — Christ en bois sculpté.

156 — Suspension en fer forgé, préparée pour le gaz.

157 — Suspension en cuivre.

158 — Lustre en bronze ciselé et doré, préparé pour le gaz et l'électricité.

159 — Peinture sur porcelaine représentant des amours.

BIJOUX, OBJETS DE VITRINE

ARGENTERIE

160 — Broche forme croissant, ornée de cinq saphirs et de roses.

161 — Bague marquise ancienne tout en roses.

162 — Bague ornée d'une émeraude et de deux demi perles fines.

163 — Bague en or ornée d'une perle fine.

164 — Bague en or ornée d'une opale entourée de quatorze brillants.

165 — Paire de boutons d'oreille enrichis de deux saphirs entourés de vingt-deux brillants.

166 — Epingle de cravate en or ornée d'une perle fine.

167 — Epingle de cravate en or forme trèfle orné de trois émeraudes et de brillants.

168 — Trois boutons de chemise en or ornés de trois perles fines.

169 — Six épingles en or et perles fines.

170 — Boite à bijoux Ier Empire ornée d'une miniature.

171 — Coffret d'appliques à têtes de Jeanne d'Arc et fleurs de lys.

172 — Deux bracelets en argent.

173 — Chapelet en argent et onyx.

174 — Bourse avec compartiments et chaînette en argent.

175 — Paire de pendeloques anciennes enrichies d'émeraudes, topazes et roses.

176 — Sautoir en corail orné de petites perles fines et de dix grosses perles fines.

177 — Montre en or pavée de roses et d'émeraudes avec broche forme serpent.

178 — Epingle de coiffure forme marguerite ornée de roses et d'une perle.

179 — Bague ornée d'une perle entourée de brillants.

180 — Bague en or forme serpent enrichie d'un rubis d'Orient.

181 — Trois boutons perles.

182 — Bague en or ornée d'un brillant entre deux saphirs.

183 — Montre en or.

184 — Aumônière argent doré.

185 — Bourse en argent doré.

186 — Service à hors-d'œuvre.

187 — Couteau à fromage.

188 — Service à salade ivoire et monture argent.

189 — Pelle à asperges en argent.

190 — Pelle à tarte en argent.

191 — Service à découper en argent.

192 — Manche à gigot en argent.

193 — Deux encriers en ancienne porcelaine de Chine rose, forme fleurs de lotus.

194 — Deux petites chimères en ancien grés de Chine, émaillées fond vert et jaune.

195 — Deux très petites potiches en ancien céladon vert craquelé.

196 — Cheval en ancienne faïence de Delft décor polychrome.

197 — Vache et vachère en ancienne faience de
Delft polychrome.

198 — Pichet en ancien grès émaillé de Flandres.

199 — Bouteille à saké, de forme carrée en ancienne porcelaine d'Imari décor à fleurs, en
polychrome sur fond bleu.

200 — Deux statuettes en porcelaine : *L'Automne
et l'Hiver*.

201 — Suite de neuf netzukés en ivoire et buis
sculptés, représentant des personnages et des
animaux.

202 — Deux petites salières rondes sur pied en
argent ciselé et guilloché intérieur en vermeil.

203 — Statuette en ancienne porcelaine de Saxe :
Arlequin.

204 — Statuette en porcelaine de Saxe : *La Petite
Bergère.*

205 — Hibou en ancienne porcelaine de Saxe.

206 — Trois petites tasses rondes avec soucoupes
en ancienne porcelaine de Chine, famille rose,
fleurs et personnages sur fond blanc.

207 — Tasse avec soucoupe en porcelaine fond
bleu marbré et rehaussé d'or.

208 — Miniature sur ivoire : *La Reine Marie-An-
toinette et le Dauphin.*

209 — Deux petits vases en porcelaine de Chine
fond bleu rehaussé d'or, décor à réserves de
personnages en émaux de couleur.

210 — Tasse avec soucoupe en porcelaine de Sè-
vres, fond bleu rehaussé d'or, décoré d'un
médaillon représentant : *Thérèse d'Autriche.*

211 — Petit groupe en pierre de lare, personnage
assis.

212 — Petite statuette en ancienne porcelaine de
Saxe : *Le Marchand de citrons.*

213 — Coffret en porcelaine de Saxe, forme cous-
sin, orné d'une figurine d'amour.

214 — Encrier en porcelaine de Chine, de forme
octogonale, décor à fleurs en bleu sur blanc et
à rosaces ajourées.

215 — Petite figurine en bronze : *L'Amour couché*,
socle en marbre noir.

216 — Petite jardinière ronde en émail cloisonné
de la Chine, décor à fleurs.

217 — Deux statuettes en porcelaine de Chine :
Les petits marchands de fleurs.

218 — Quatre petites salières rondes en argent
repoussé en vermeil.

219 — Petit miroir cadre en argent orné de boules
en lapis lazuli, et de têtes de chérubins en corail rose.

220 — Petite tasse avec soucoupe en porcelaine
de Chine à personnages.

221 — Nécessaire chinois pour le riz, baguettes et
ivoire, fourreau en galuchat.

222 — Deux petites coupes en porcelaine de Chine
intérieur à fleurs, et tortue en relief.

223 — Petite coupe en lapis lazuli posant sur un trépied à cariatides d'enfants.

224 — Miniature *La Favorite*, signé : AVENEL.

225 — Miniature. *Epanouissement*, signé AVENEL.

226 — Miniature. *Eve*.

227 — Miniature. *Naïade*.

228 — Miniature ovale sur ivoire. *Jeune fille ornant de fleurs la statue de l'Amour*.

229 — Miniature ronde sur ivoire. *Jeune femme en toilette décollettée*.

230 — Miniature ronde sur ivoire. *Jeune femme jouant du clavecin*.

231 — Bonbonnière en ivoire ornée d'une miniature.

TABLEAUX

232 — DIAZ (attribué à). *Nymphe sous bois.*

233 — FAUVELET. Le *Fumeur*. Joli petit tableau.

234 — FEQUANT. *Vue à Equihen, près Boulogne-sur-Mer.*

235 — *Vue de Boulogne sur mer.*

236 — *Ferme aux environs de Boulogne.*

237 — *Nature Morte.*

238 — *La Ferme.*

239 — *Vue du port de Boulogne.*

240 — *Paysage.*

241 — GREUZE (d'après). *Tête de femme.*

242 — LELOIR, Maurice. *En ballon.* Très belle aquarelle.

243 — MONTICELLI. *Bacchante.*

244 — REY *Vue de Paris.*

245 — ROYBET. *Jeune femme en buste, vue de dos la tête tournée vers la droite.* Joli tableau.

246 — ÉCOLE MODERNE. *Paysage.* Quatre tableaux.

247 — *Paysage.* Deux aquarelles.

248 — Deux gravures d'après DE DREUX : *Cavalier.*

249 — Deux gravures : *Marchande de coco et d'eau-de-vie.*

250 — Suite de quatre gravures du temps du 1er Empire.

251-256 — Suite de dessins, aquarelles et gravures.

257 — Quatre volumes hollandais, anciens.

258 — Lot d'anciennes cartes géographiques.

259 — Lot de partitions de musique.

TAPISSERIE, TENTURES

TAPIS. DENTELLES

260-261 — Belles tentures de Chine, composées de trois panneaux à riche broderie d'or représentant des volatiles au milieu de fleurs et de branchages fleuris.

262 — Ancienne tapisserie verdure animée d'oiseaux et d'animaux avec bordure à fleurs.

263 — Deux paires de très jolis rideaux en soie crème rayée et brochée à corbeilles fleuries, garnis de passementerie assortie et doublés de soie blanche. Style Louis XVI, travail de POIRIER et RAYMOND.

264 — Deux panneaux en imitation de tapisserie à personnages.

265 — Portière en Karamanie,

266 — Tapis long d'Orient, décor polychrome.

267 — Tenture de chambre à coucher en panne et satin rose brodé de soie.

268 — Lot d'étoffes, tentures et tapis.

269 — Col en tulle brodé.

270 — Trois morceaux de mouchoir brodés.

271 — Lot de volants en mousseline brodée.

272 — Fichu Empire en tulle brodé.

273 — Deux châles Empire en mousseline brodée.

274 — Objets omis.